新的起跑线

2017

NANJING
AGRICULTURAL
UNIVERSITY

南京农业大学
本科生学习指南

南京农业大学教务处 编

中国林业出版社

我们可以欺瞒别人

却无法欺瞒自己

当我们走向枝繁叶茂的五月

青春就不再是一个谜

向上的路

总是坎坷又崎岖

要永远保持最初的浪漫

真是不容易

有人悲哀

有人欣喜

当我们跨越了一座高山

也就跨越了一个真实的自己

—— 汪国真《跨越自己》

2017 新的起跑线

南京农业大学本科生学习指南

我的大学

姓 名

学 号

学 院

班 级

电 话

宿 舍

邮 箱

目录 / Contents

01

大学，新鲜的

开始

　　"路漫漫其修远兮，吾将上下而求索"。著名诗人汪国真说过：我不去想，是否能够成功。既然选择了远方，便只顾风雨兼程。同学们，青春是人生中最美的、最值得珍惜的时光，大学四年将是你散发青春光彩、通向美好未来的四年，请不要辜负你的大学，请善待你的青春！且行且珍惜。

01

大学，新鲜的
开始

新同学，祝贺你进入南京农业大学，开启激动人心的大学生活。多年以后你会发现，大学将是你青春记忆中最为难忘的一段时光，在这里，你从懵懂的少年变为成熟的青年，从摸索前行的学习者变成主动规划、积极实践的创新者。在这里，你将遇见一生的挚友，也可能遭遇一段难忘的激情。在英语中，大学新生是 Freshman，新鲜的年轻人，让我们一起展开一段新鲜的大学之旅。

进入大学的第一个问题，就是你来到了一所什么样的学校。无论你是主动的选择，还是被动的接受，都要恭喜你进入了一所百年名校。作为培养人才、传承文化的摇篮，一所大学最可贵的东西不是漂亮的校园、先进的设施，甚至不是充裕的经费和一流的成果，而是她厚重的历史。作为全国顶尖、正向世界一流迈进的农业大学，南农在百年办学历程中形成了诚朴勤仁的校风，南农学子扎实的学业基础、严谨的治学作风、朴实的人格品质也必将通过你们一代代传承。

好的大学有时并不意味着好的开始，大学生最常遇见的问题是迷茫和困惑。在中学，你们有明确的学习目标，那就是高考。进入大学后，自我管理、自我支配的时间更多，很多同学表现出对这种"自由"的不适应，少数同学还会将高考后舒缓压力、放松心情的娱乐盛宴带进自己的大学生活。这时的当务之急是认识自己：我是一个怎样的人？我想成为怎样的人？我有什么能力和特长？我的兴趣何在？这些问题将引导你及早规划自己未来四年的学业：**大一尽快掌握大学学习方法，打牢基础知识；大二大三在自己喜欢的专业学习专业知识，这是你未来安身立命、建功立业的根本；大四积极实践、大胆创新**，为继续深造或就业创业做

好准备。对兴趣和特长的认识并非一念之间，你所需要的是多多尝试，学校为你的尝试提供了太多的机会，一定要善加利用。在课堂上与老师交流，去图书馆向书本求知，听听学术报告感受专家的风采，加入专业社团发现自己的潜能……利用一切机会充实自己、发现自己，你就会永远立于不败之地。认识自己的同时，掌握正确的学习方法也很重要，请把自己手头的课本当做参考书，而不是死记硬背的教科书。大学的专业知识要靠理解、分析、批判、实践去吸收。多查阅不同的参考资料、与老师和同学交流讨论、在实验和科研训练中运用和验证所学，你会发现，这样掌握知识既牢固又轻松。

🍀 大学的生活多姿多彩，学习并非是你生活的全部。你需要表达、需要交流，需要获得信任、需要善于合作。表达和交流就要张开口，放下紧张和羞涩，在众人面前展示自己的思想、疑问，当然也包括你引以为自豪的成果。善于表达会提升你的思想，善于交流会碰撞出智慧的火花。大学是结识朋友的最佳阶段，大学的友情稳定而单纯，它不容易变质，往往可以受益终生。希望你们都能结交几个挚友，你的生活会因此变得丰富充实，积极健康。结交朋友不意味着给自己划定小圈子，能否和不同的人打交道，是否善于团队合作可能是你步入社会后别人最为关心的问题。除非你选择隐居，否则你的成功离不开合作。要做到这一切，请从大二开始，积极参加学校的社团和各种训练实践小组，这是锻炼自己交流与合作能力的最佳途径。

🍀 最后，新鲜的年轻人，请你做一个脚踏实地的人。成功没有捷径、在追求成功的路上切忌贪婪。捷径会让你丧失自我，贪婪会让你不择手段。南农的历史、南农的品质会教会你们勤奋努力、积极进取。一份耕耘一份收获，这样的收获最扎实、最安心。各位新同学，请善待自己的大学时光，让她助力你的腾飞，去实现自己壮丽的梦想。

02

认识南农

02

认识南农

百年南农

三江师范学堂农学博物科 1902 年

私立金陵大学农科 1914 年

南京高等师范学校农业专修科 1917 年

国立东南大学农科 1923 年

私立金陵大学农林科 1916 年

国立第四中山大学农学院 1927 年

私立金陵大学农学院 1930 年

国立中央大学农学院 1928 年

南京大学农学院 1949 年

金陵大学农学院 1951 年

浙江大学农学院部分系科

南京农学院 1952 年

江苏农学院 1972—1979 年

南京农学院 1979 年

南京农业大学 1984 年至今

今日南农

南京农业大学坐落于钟灵毓秀、虎踞龙蟠的古都南京，是一所以农业和生命科学为优势和特色，农、理、经、管、工、文、法学多学科协调发展的教育部直属全国重点大学，是国家"211工程"重点建设大学和"985优势学科创新平台"高校之一。

南京农业大学前身可溯源至1902年三江师范学堂农学博物科和1914年私立金陵大学农科。1952年，全国高校院系调整，以金陵大学农学院和南京大学农学院原国立中央大学农学院为主体，以及浙江大学农学院部分系科，合并成立南京农学院。1963年被确定为全国两所重点农业高校之一。1972年学校搬迁至扬州，与苏北农学院合并成立江苏农学院。1979年迁回南京，恢复南京农学院。1984年更名为南京农业大学。2000年由农业部独立建制划转教育部。

学校设有农学院、工学院、植物保护学院、资源与环境科学学院、园艺学院、动物科技学院（含无锡渔业学院）、动物医学院、食品科技学院、经济管理学院、公共管理学院、人文与社会发展学院、生命科学学院、理学院、信息科技学院、外国语学院、金融学院、草业学院、政治学院、体育部19个学院（部）。设有62个本科专业、31个硕士授权一级学科、15种专业学位授予权、16个博士授权一级学科和15个博士后流动站。现有全日制本科生17000余人，研究生8500余人。教职员工2700余人，其中：中国工程院院士2名，千人计划、长江学者、国家杰出青年科学基金获得者27人次，国家和省级教学名师8人，全国优秀教师、模范教师、教育系统先进工作者5人，入选国家其他各类人才工程和人才计划100余人次；拥有国家和省级教学团队6个，教育部创新团队3个。

学校的人才培养涵盖了本科生教育、研究生教育、留学生教育、继续教育及干部培训等各层次，建有"国家大学生文化素质教育基地""国家理科基础科学研究与教学人才培养基地""国家生命科学与技术人才培养基地"和植物生产、动物科学类、农业生物学虚拟仿真国家级实验教学中心，是首批通过全国高校本科教学工作优秀评价的大学之一，2000年获教育部批准建立研究生院，2014年首批入选了国家卓越农林人才培养计划。

学校拥有作物学、农业资源与环境、植物保护和兽医学4个一级学科国家重点学科，蔬菜学、农业经济管理和土地资源管理3个二级学科国家重点学科，及食品科学国家重点培育学科，有8个学科进入江苏高校优势学科建设工程，农业科学、植物与动物学、环境生态学、生物与生物化学、工程学、微生物学、分子生物与遗传学7个学科领域进入ESI学科排名全球前1%，其中农业科学和植物与动物科学已经进入前1‰，跻身世界顶尖学科行列。

学校建有作物遗传与种质创新国家重点实验室、国家肉品质量安全控制工程技术研究中心、国家信息农业工程技术中心、国家大豆改良中心、国家有机类肥料工程技术研究中心、农村土地资源利用与整治国家地方联合工程研究中心、绿色农药创制与应用技术国家地方联合工程研究中心等66个国家及部省级科研平台。"十二五"以来，学校科研经费超26亿元，获得国家及部省级科技成果奖100余项，其中作为第一完成单位获得国家科学技术奖8项。学校凭借雄厚的科研实力，主动服务社会、服务"三农"，创造了巨大的经济社会效益，多次被评为国家科教兴农先进单位。

学校国际交流日趋活跃，国际化程度不断提高，先后与30多个国家和地区的150多所境外高水平大学、研究机构保持着学生联合培养、学术交流和科研合作关系。与美国加州大学戴维斯分校、英国雷丁大学、澳大利亚西澳大学、新西兰梅西大学等世界知名高校开展了"交流访学""本科双学位""本硕双学位"等数十个学生联合培养项目。学校建有"中美食品安全与质量联合研究中心""南京农业大学－康奈尔大学国际技术转移中心""猪链球菌病诊断国际参考实验室"等多个国际合作平台。2007年成为教育部"接受中国政府奖学金来华留学生院

校"。2008 年成为全国首批"教育援外基地"。2012 年获批建设全球首个农业特色孔子学院。学校倡议发起设立了"世界农业奖",并连续 4 届分别向来自康奈尔大学、波恩大学、加州大学戴维斯分校、阿尔伯塔大学的获奖者颁发奖项。2014 年,与美国加州大学戴维斯分校(UC Davis)签署协议共建"全球健康联合研究中心"(One Health Center),获科技部批准援建"中 – 肯作物分子生物学联合实验室",获外交部、教育部联合批准成立"中国 – 东盟教育培训中心"。

学校校区总面积 9 平方千米,建筑面积 74 万平方米,资产总值 35 亿元。图书资料收藏量 235 万册(部),拥有外文期刊 1 万余种和中文电子图书 500 余万种。学校教学科研和生活设施配套齐全,校园环境优美。

在百余年办学历程中,学校秉承以"诚朴勤仁"为核心的南农精神,始终坚持"育人为本、德育为先、弘扬学术、服务社会"的办学理念,先后培养造就了包括 54 位院士在内的 20 余万名优秀人才。

展望未来,作为近现代中国高等农业教育的拓荒者,南京农业大学将以人才强校为根本、学科建设为主线、教育质量为生命、科技创新为动力、服务社会为己任、文化传承为使命,朝着世界一流农业大学目标迈进!

资料截至 2017 年 3 月

现任领导

党委副书记，校长：周光宏

党 委 书 记：   副校长：胡　锋　戴建君

党委副书记：盛邦跃　王春春   丁艳锋　董维春

　　　　　　刘营军   闫祥林　陈发棣

纪 委 书 记：盛邦跃

校训 · 校徽 · 校歌

校训

　　学校分别于 2004 年 3 月和 2008 年 9 月启动校训和校徽的修订工作，经广泛征集、反复论证、认真修订，并经过 2009 年 1 月 16 日第四届教代会暨第九届工代会审议，通过了新的校训和校徽的定稿方案。

　　新的校训为："诚朴勤仁"，原校训"团结 勤奋 求实 创新"改作校风使用。新的校徽是在原校徽的基础上修改而成，原校徽不再使用。

　　校训"诚朴勤仁"，分别从我校前身中央大学校训"诚朴雄伟"和金陵大学校训"诚真勤仁"中各取二字组合而成，是我校在百余年办学历程中，秉承中央大学、金陵大学优良传统，逐步形成的具有南农特色的精神品格。

　　"诚"，诚恳、诚信。《礼记·中庸》有云："诚者，天之道也，诚之者，人之道也。""诚"是天的根本属性，努力求诚，以达到合乎诚的境界则是为人之道。以"诚"字为校训之首，意在训诫师生员工诚信做人，诚实做事。

　　"朴"，朴实、朴素。于质朴笃实中见才华，于朴素气质中见本性。《道德经》有云："道常无名，朴虽小，天下不敢臣。""朴"虽微细而无具体名象可称，但为宇宙万象之主宰。以"朴"为训，意在引导师生员工求真求善、质朴敦厚。

　　"勤"，勤奋、勤勉。书山有路勤为径，学海无涯苦作舟。业精于勤荒于嬉，行成于思毁于随。勤，体现了南农人勤奋刻苦、任劳任怨的精神品格，以"勤"为训，意在劝告师生员工勤敏担当、持之以恒。

　　"仁"，仁爱、仁义。《论语·雍也》有云："夫仁者，己欲立而立人，己欲达而达人。"《论语·颜渊》有云："己所不欲，勿施于人。""仁"强调立己达人、相互关爱、尊重人格、与人为善。以"仁"为训，意在勉励师生员工心系苍生、仁爱天下。

　　校训"诚朴勤仁"要义即：诚信做人，诚实做事；求真求善、质朴敦厚；勤敏砺学、持之以恒；心系苍生、仁爱天下。

校徽

南京农业大学校徽标准图案

南京农业大学校名手书体标准字

南京农业大学校训标准字

校歌

1=F 4/4

王红谊 词
陶思耀 曲

进行速度 ♩=102

(0 5 5 5 1 7 5· ‖: 5 5 5 5 2 7 5 3 4 | 5 6 4 1 2· 4 5 | 6 1 7 5 6 2 3 4 | 5· 5 4 3 3 2 | 1 – 1 5 3 5)

5 5 1 2 3· 4 | 3 1 2 3 2 1 – | 1 1 4 5 6· i | 6 4 5 6 5 5 – |
钟山 挺 秀 是你的风 骨， 长江 浩 然 是你的雄 魂，

3 4 5 6 4· 6 | 5 4 3 2 3 6 – | 7 7 1 2 2 2 | 5 4 3 2 1 – ‖
荟萃 五千年 华夏文 明 推出 一代代 神农传人。

(S.T)
1 i· 7 1 – | 7 6 6 5 6 – | 2 7· 6 7 – | 6 6 6 5· #4 5 – |
啊 南 京 农业大 学 啊 南 京 农业大 学

1 6· 5 6 – | 5 4 4 3 4 – | 2 5· 4 5 – | 4 3 2· 1 3 – |
(A.B)

5 5 5 5 5 6 5 3 2 1 | 2 2 2 2 3 4 3 2 1 3 | 0 5 5 5 5 | 5 1 2 4 3 2 1 2 3 6 |
人民的衣食铭刻心 中 祖国的强盛身当重 任， 你把智慧 撒向 希望的 田 野

(0 5   5 3 5)
3 3 3 3 3 3 2 1 5 | 6 6 5 6 1 2 1 | 7 6 5 | 0 5 5 5 5 5 6 7 | 6 6 5 4 5 6 |
光辉的誓言团结勤 奋 闪亮的校训求实创 新， 在跨世纪 里程中 迎接 挑 战

0 5 6 5 4 3 4 5 5 6 5 | 5 – 5 5 4 3 0 2 3 2 1 – | (0 5 5 5 1 7 5·
用 科学催 动催 动 现代化巨 轮！

0 3 4 3 2 1 2 3 3 2 3 3 – 5 2 2 | 1 0 7· 5 1 – | 1 0 0 0 0 :‖
为 中华腾 飞腾 飞 拼搏奋 进！

[2]
1 5 6 5 4 3 4 5 b7 | 6 – 6 5 5 5 | i 7 1 – | 1 – 1 0 0 ‖
为 中华腾 飞腾 飞 拼搏奋进奋 进！

1 3 4 3 2 1 2 3 2 | 4 – 4 3 3 2 | 3 4 3 – 3 – 3 0 0 |

2 – 2 7 7 5 | 1 5 1 – | 1 – 1 0 0 ‖

03

学习必知

03
学习必知

从今天到毕业
——本科专业人才培养方案

"南京农业大学本科专业人才培养方案"（以下简称"培养方案"）囊括了学校各学院、各专业的人才培养理念、思路和详细的课程体系，它还可以告诉你每个专业对学生的修读要求或建议。每位学生可以通过培养方案来了解学校的人才培养方针，明确自己的学习目标，制订自己的学习计划。

2015年9月起，学校全面实施"南京农业大学2015版本科人才培养方案"，该方案充分体现出以学生为中心的人才分类培养模式。推进通识教育、强化实践教学、鼓励学科交叉、尊重个性选择、实施多元培养、增强计划弹性是培养方案的突出特点。我们通过人才培养模式的不断改革和完善，使人才培养的规格、质量和素质更加符合经济社会发展的需求，并初步形成了有利于同学们成长的人才分类培养体系。

下面，我们就来具体熟悉"培养方案"，学会理性选择课程，逐步定位发展方向，勾画出自己的大学蓝图吧!

南京农业大学培养方案示意图

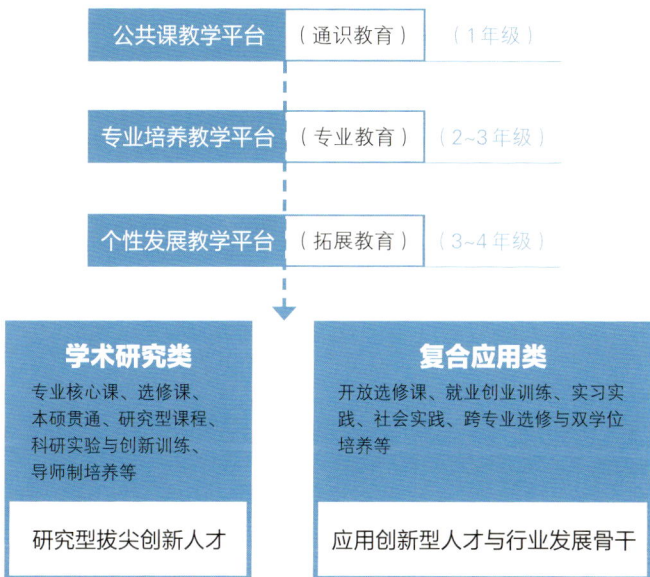

公共课教学平台 （通识教育） （1年级）

专业培养教学平台 （专业教育） （2~3年级）

个性发展教学平台 （拓展教育） （3~4年级）

学术研究类
专业核心课、选修课、本硕贯通、研究型课程、科研实验与创新训练、导师制培养等

研究型拔尖创新人才

复合应用类
开放选修课、就业创业训练、实习实践、社会实践、跨专业选修与双学位培养等

应用创新型人才与行业发展骨干

根据学校发展的阶段性特征与资源现状，围绕本科人才培养总体目标，本着知识、素质和能力协调发展的原则，南京农业大学探索出一条人才分类培养的路径。在人才分类培养模式下，大学生一年级使用统一公共课教学平台，二、三年级进入学科大类与专业培养教学平台，三、四年级进入个性化发展的拓展教育教学平台，五年级动物医学专业学生进入临床实践教学平台。

每一个教学平台都是由一系列的课程搭建起来的，下面我们就来了解一下培养方案中最基本的问题——课程。

课程体系总体结构

根据不同课程的特点和作用，我们将课程划分为通识教育、专业教育、拓展教育三个部分，其中：

通识教育课程强调德、智、体、美相互渗透，注重课程相融的综合、交叉与渗透，适合低年级学生修读。通过通识教育课程的学习，同学们可以获得必要的价值分析、探究方式与能力的训练，形成合理的思维方式和准确的观察判断能力，以及清晰的沟通表达能力，并明确自己以后几年的修读目标和主攻方向。

专业教育课程由学科基础课、专业基础课、专业核心课、集中实践环节四部分组成。学科基础课按照基础性、公共性和学术性原则设置，具有完整规范的知识体系，同学们可以得到严格的学科基础训练；专业基础课按照专业学习需要设置；专业核心课设置则体现专业特色；集中实践环节重在发挥实践教学的探究功能，帮助同学们拓宽对科学的认识视野与创造思维的空间，培养科学与创新素养，锻炼自立、合作、创造性地学习和实验的能力，以及分析问题和解决问题的能力，提高创新实践能力。

拓展教育课程是为满足学生不同需求而开设的课程，其中设置了本专业推荐选修课、其他专业推荐选修课或国内外联合培养如"2＋2""3＋1"的课程。本专业推荐选修课中包含学术研究类选修课程和体现专业方向的模块选修课程组。一个课程组体现一个专业方向或学生发展方向。课程侧重知识的交叉跨度、强调专业前沿信息，部分专业课程强调前瞻性，适合本科生和研究生共享。同学们通过选修该类课程，可以进一步巩固本专业知识。当然也可根据自己需要，自行选修其他专业教育课程或国内外其他大学课程，拓展知识面。

课程框架及学分要求

四年制本科专业学分总量严格控制在 160 学分（五年制本科专业为 200 学分），其中选修课比例不少于 25％，实践学分占总学分的比例因专业而异，经、

培养方案课程框架及学分要求

课程体系	课程类别	课程性质	学分		
通识教育	通修课程	必修	33~37	43~47	
	通识教育选修课程	选修	10		
	必读选读课程	课外	（4）		
专业教育	学科基础课	必修 + 选修	51~57	65~73	85~93
	专业基础课				
	专业核心课	必修	14~16		
	集中实践环节	必修	≥ 20		
拓展教育	本专业推荐选修课	选修	≥ 15		26
	其他专业推荐选修课				
	合计学分		160		

管、文、法类专业实践学分不少于总学分的 15%，农、理、工类专业实践学分不少于总学分的 25%。

需要注意以下几点：

1. 通识教育选修课由学校统一确定，分为人文科学、社会科学、自然科学、艺术与体育、应用技术五类课程。学生至少选修 10 学分。为了促进文理沟通，保证知识的完整性，同学们须在每一类课程中至少修满 2 学分，且不得修读与主修专业内容、性质相同或相近的课程。自然科学类专业的学生至少修读人文素质类课程 4 学分，人文社科类专业的学生至少修读科学素养教育类课程 4 学分。

2. 拓展教育分为"本专业推荐选修课"和"其他专业推荐选修课"两部分。"本专业推荐选修课"包括：学术研究类选修课程组、若干专业方向选修课程组和教授开放研究课程。要求学生在本专业推荐选修课中至少修满 15 学分。其中，学术研究类选修课程组 6~8 学分，凡申请参加研究生免试推荐的学生，须在学术研究类选修课程组内修满全部学分，方取得资格。每个专业方向选修课程组 8 学分左右。"教授开放课程"由我校教授面向本科生开设，采用小班化的教学模式，一般每门课程 1 学分（18 学时），同学们在读期间可选修不超过 2 学分的课程。同学们如果对其他专业的课程感兴趣，可以在该专业的"其他专业推荐选修课"中选修相关课程。每个专业都列出了 20 学分左右的课程的供同学们自由选修。

3. 为鼓励学生更好地自主学习，充分利用学校教育教学资源拓展知识，提升能力，学校实行主、辅修专业制度。每个专业都为同学们设置了"辅修专业和辅修专业双学位培养方案"，学生按照辅修培养方案和教学计划修读相关专业课程，若修读学分达到辅修专业（30 学分）或辅修专业双学位（50 学分）的要求，可主动申请辅修证书，经由学校审核通过后，可获得南京农业大学辅修专业证书或南京农业大学辅修专业双学位证书。辅修专业和辅修专业双学位原则上单独开课，另行缴费。

▍大类招生及培养

为强化"宽口径、厚基础"教学理念，我们决定以专业通识教育课程基本一致或比较相近的环境科学、生态学等 20 个学校优势或者高考热门专业为试点进行大类培养。我们将大类招收的学生按学院编教学班，教学管理、学生管理由班级所在学院负责，学生入学时在专业大类内不分专业和专业方向学习，在完成大类基础课程学习后，根据自身专业发展目标、相关专业成绩等在第二（三）学期申请在本专业大类内分流，第三（四）学期正式进入本专业大类中的某个专业学习。

南京农业大学 2017 级本科专业大类设置试点方案

序号	专业代码	专业类名称	涵盖专业	授予学位	所在学院	分流时间
1	082500	环境科学与工程类	环境科学	理 学	资源与环境科学学院	1 年
			环境工程	工 学		
			生态学	理 学		
			农业资源与环境	农 学		
2	120200	工商管理类	工商管理	管理学	经济管理学院	1.5 年
			电子商务	管理学		
			市场营销	管理学		
3	082700	食品科学与工程类	生物工程	工 学	食品科技学院	1.5 年
			食品科学与工程	工 学		
			食品质量与安全	工 学		
4	030300	社会学类	法学	法 学	人文与社会发展学院	1 年
			旅游管理	管理学		
			社会学	法 学		
			农村区域发展	管理学		
			公共事业管理	管理学		
5	080200	机械类	机械设计制造及其自动化	工 学	工学院（机械系）	1 年

建议和帮助渠道

1. 学院分管教学的副院长、教学秘书老师、辅导员老师、教务处老师都可以为你提供咨询和帮助。

2. 各学院的培养方案公布在教务处网站上，同学们可以通过教务处主页（http://aao.njau.edu.cn/）进行访问。

3. 在南京农业大学主页登录 OA 系统，进入"教务系统"中，每位同学可以实时了解自己的课程修读情况和学习成绩。

4. 请经常访问教务处主页，获知最新政策和相关工作动态。

自我提升
——创新创业能力培养

为培养学生的创新创业能力，我们完善了创新创业教育课程体系，将创新创业教育精神融入本科专业人才培养方案，推进创新创业教育改革。通过开设创新创业课程、设立创新创业项目、实施奖励学分、引入在线开放课程并建立课程学习认证和学分认定制度等方式，建设依次递进、有机衔接、科学合理的创新创业教育专门课程群。

创新创业课程由必修和选修两部分构成。我们要求学生在培养期内所获总学分中须包含创新创业教育 4 学分，方可毕业。学生可以通过修读生涯规划与职业发展、学科导论获得必修 2 学分；通过参加创新创业项目，参加由学校选定并组织的各类学科、科技竞赛等活动，发表科研论文获得奖励学分，选修教授开放研究课程、选修指定的通识教育选修课等方式获得选修 2 学分。

课程性质		课程名称	学分
必修		生涯规划与职业发展 Career Development Planning	（1）
		学科导论 Discipline Introduction	1
选修	项目/课程	大学生创新训练计划（SRT） Program for Student Innovation through Research and Training(SRT)	1
		校创新性实验实践教学项目 Experimental Education Project in Fostering Innovative Thinking & Practice	1 学分 / 项目
		教授开放研究课程（详见《南京农业大学关于设置"教授开放研究课程"的规定》）	1 学分 / 课程
	奖励学分	参加由学校选定并组织的各类学科、科技竞赛等活动，发表科研论文获得的奖励学分	
	通识选修	被认定的创新创业性质的通识教育课程（详见《南京农业大学通识教育选修一览》）	

学我想学
——通识教育课程大餐

通识教育的目的是促进人的全面发展、和谐发展、整体发展。通识教育关注大学生各方面素质的形成与发展，也关涉到学习者对人生意义和社会价值的感悟，以及对伦理问题的思考。通识教育不仅可以为学生专业学习提供一个坚实的基础，也可以为专业教育发挥最大功效提供良好的环境。通识课程便是基于通识教育的理念开发出来的课程。

通识教育选修课程

参照海内外著名高校的通识课程建设，南京农业大学通识教育选修课程初步涵盖了人文科学、社会科学、自然科学、艺术与体育、应用技术五大类别，共计近 200 门课程，除了包括围绕文史哲艺的课程，还包括农业与人类文明、农业科技与生活、生态与环境等方面的课程。

通识课程要求打破专业局限，开阔学生的学术视野，培养文化通感和科学精神，要求教师能对自己专业领域的知识有深入系统的把握，对研究前沿动态有敏锐的眼光，并善于深入浅出地讲解，保证课程既有深度又有新意，同时对不同学科学生有广泛的吸引力。

通识课程不同于专业课程。专业教育主要关注对学生某种专业知识的传授及其职业能力的培养，而通识课程的目的在于通过重组教学内容，对学生进行多方面能力的训练，发展其思维能力，提高学生表达思想、判断是非和鉴别价值等方面的能力，并以此促使学生的感情和理智都得到发展，从而造就一个具有完整人格的人。

这近 200 门的通识教育选修课程是专门献给本科生的礼物，集南京农业大学教学与学术之精粹力量，请把握这珍贵的学习机会！

必读选读课程

学校设立了"必读"和"选读"两类课程弹性修读方式，旨在为学生个性化、多样化、自主性学习提供便利。"必读课"性质属必修课，指定教材等参考资料，教师讲授辅导与学生自学相结合，根据自主选题课程报告完成情况进行考核；"选读课"主要是提供一批经典著作"菜单"由学生自主选读，以自学为主、辅导为辅，考核方式灵活多样，重在引导学生读好书的兴趣。这两类课程均配有较丰富的网络学习辅助资源，并主要通过网络开展考核评价。

针对农业院校人文及审美教育薄弱问题，根据国情农情教育需要，学校目前开设了"农业概论"与"美学概论"两门"必读课"（各1学分）。其中，《农业概论》由全校农业生命科学优势学科知名教授编写出版高水平教材、团队指导学生课内外学习；"美学概论"国家精品课程也编写出版了专用教材，并建立了涵盖12个文学艺术门类的专题网站，通过网络在线教学形式进行审美教育。

"选读课"提供了20部经典著作供学生选读，包括《红楼梦》《老子》《论衡》《论语》《孟子》《三国演义》《尚书》《社会契约论》《史记》《孙子兵法》《唐诗三百首》《唐宋词》《中国历代咏农诗词选》《中国农业科技史》《周易》《庄子》《资本论（第一卷）》《梦的解析》《正义论》《道德情操论》。

大学四年期间，学生须取得必读课2学分和选读课2学分，方可毕业。

转专业须知

为深化我校教育教学改革，进一步完善学分制管理，充分调动学生学习的积极性、主动性和创造性，培养具有创新精神、实践能力和社会竞争力的高素质人才，我校在本科生中开展转专业工作。

一、申请对象

1. 转专业申请对象为具有南京农业大学学籍的全日制普通一、二年级在校本科生。

2. 有下列情况之一的学生不具备申请转专业资格：

   （1）休学（或保留学籍）期间的学生。

   （2）艺术类专业录取的学生，外国语中学推荐保送录取的学生。

   （3）不符合教育部规定的相关专业体检要求的学生。

二、报名与录取

1. 每学年春季学期，有转专业意向的学生按照学校公布的转专业通知要求，在规定的时间内向所在学院提交转专业申请，学生所在学院负责审核申请学生的申请资格，并由"院领导小组"确定有效申请学生名单上报"办公室"，并予以公布。

2. 报名转专业的学生最多可填报两个专业志愿。

3. 各接收学院制订选录办法，报"校领导小组"审核通过后，由"办公室"予以公布，内容包括：

   （1）申请转入本专业的学生原专业学习的总体情况要求，如平均学分绩点（GPA）排名与数学、化学、英语等单科学习成绩要求。

   （2）组织面试。面试内容包括考核申请转入学生的综合知识、能力、素质与对转入专业的认知。

4. 对个别确实具有专业特长的学生，在学生出具相关专业特长证明的基础上，可采用三名以上教授或副教授实名推荐并面试的方式进行选录。

5. 各接收学院选录。

6. 各学院确定全部拟录取名单，经"校领导小组"审核后，由"办公室"进行公示，公示期满且无异议，由学校发文确定最终转专业名单，并由所录取学院通知学生办理相关手续。

三、转专业后的学业安排

学生转专业后的学业安排由教务处协调各学院落实。

1. 学生转专业后，在学院教学秘书的指导下，根据转入专业的教学计划，办理课程认定手续，制订补修计划。

2. 学生转专业后，每学期预置的必修课，如在原专业已取得学分，可在开学1~3周到所在学院教务办办理退课手续。

3. 学生转专业后，应在学校课程补、退、选期上网完成新专业课程的选修；体育课上课时间与原专业上课时间不一致的学生须在第一周到体育部办理项目变更。

4. 学生转专业后，应按转入专业人才培养方案修读课程，在原专业修读与所转专业同一档或高一档的课程，其取得的学分仍然有效，其他转入专业要求的必修课程则必须补修。

5. 转专业学生已经修读的计算机语言类课程，不受课程和学分限制均予以认可，学生在原专业修读不在转入专业教学计划中的课程，按照选修课记载。

6. 转专业学生必须完成原专业当学期的所有学习任务，考核成绩均记入《南京农业大学学生成绩登记表》，计入平均学分绩点（GPA）（必读课和选读课不计入），并归入学生本人学籍档案。

7. 转专业学生必须修读完成转入专业教学计划规定的全部课程、学分和相关教学环节，经考核合格，准予毕业；符合授予学位条件者，可授予相应学位。

04

更多机会

04

更多机会

我要成为科学家

——欢迎加入南京农业大学创新人才
培养计划

亲爱的各位同学，当你跨进大学校门的那一刻，你一定满怀壮志，希望在未来自己能有所成就，那么，欢迎你加入我们的创新人才培养计划，南京农业大学为你搭建了形式多样的培养平台，来帮助你实现攀登科学顶峰的梦想！

下面就让我们来详细了解一下培养计划的具体内容吧。

基地班

国家生命科学与技术人才培养基地

基地概况：该基地是面对21世纪生命科学的迅速发展和激烈竞争、生物技术产业的快速崛起，为我国生命科学和生物技术产业实现后发优势和跨越式、可持续发展，培养生命科学领域各类高水平应用型人才而实施的一项人才培养战略措施。国家教育部、国家发展和改革委员会首批全国36所具备条件的高校设立"国家生命科学与技术人才培养基地"。

培养模式：采取本硕博连读、分段培养的模式。具体分为"3+1"（本科培养模式）、"3+3"（本硕连读培养模式）和"3+5"（本硕博连续培养）三种模式。基地班将有50%~80%的同学可免推攻读硕士、博士学位。

就业去向：主要是到高校、科研院所、高新生物技术产业、生物制药和环境生物治理等企事业单位从事与生物技术相关的应用研究、技术开发、生产管理等工作。

国家理科基础科学研究与教学人才培养基地生物学专业点

基地概况：该基地是国家为了进一步加强和保护理科基础科学研究和教学人才培养而采取的一项重要措施。重点是培养学生的科研兴趣，提高学生的科研素质，为将来从事基础科学研究和教学工作奠定基础。

培养模式：优秀学生实行本硕连读，六年制培养。基地学生实行滚动分流管理，部分不适应基地学习的学生可以在校内转专业，或完成本科阶段学习后毕业（生物科学专业）。本科学制四年，毕业授予理科学士学位。

就业去向：主要是到高校、科研院所、高新生物技术产业、生物制药和环境生物治理等企事业单位从事与生物科学相关的教学、基础和应用基础研究及其技术开发等工作。

金善宝实验班

为适应研究型大学建设要求，培养优秀拔尖创新型高素质人才，学校设立了金善宝实验班。实验班是本硕连读优秀人才培养计划班，主要有经济管理类、植物生产类和动物生产类三类学科专业。实验班从每年新生中通过考试择优选拔，按照"3+3"贯通本科和研究生教育的培养模式开展教育教学研究工作。学生在前3个学年按"加强基础、拓宽专业面"的原则完成本科阶段学习，经滚动和终选，被确定为本硕连读的学生后3个学年可选择专业方向，直接进入研究生阶段学习。

金善宝实验班（经济管理类）

依托南京农业大学农业经济管理和土地资源管理两个国家级重点学科在科学研究和人才培养方面的优势和条件而设立，对拔尖人才进行重点培养，因材施教，鼓励个性发展和特长发挥。

进了"实验班"后可以享受哪些优质教学资源呢？

首先，你将接受专门的导师指导。学校将为每位学生配备德才兼备的学术导师、长江学者、教育部新世纪人才都有可能成为你今后的导师，引领你走进科学研究的殿堂。

其次，实验班实行单独开班上课，老师将更深入了解你们的学习情况。同时，在教材的选择上，将遴选国外优秀英文教材进行授课。课余，导师会带领你们深入基层，进行调研，充分将理论运用到实际，提升分析和解决实际问题的能力。

▍金善宝实验班（植物生产类）

依托作物学、植物保护学和园艺学国家重点学科及作物遗传与种质创新国家重点实验室、国家大豆改良中心和国家信息农业工程技术中心等国家级平台的优势，重点培养具备植物遗传育种、作物生产管理、种业生产经营等方面的基本理论和技能，可胜任农业教学、科研和生产管理等工作的学术研究型人才。

单独成班，约60%的学生可免试推荐至农学院、植物保护学院、园艺学院等相关农学类专业攻读硕士学位。

实验班配备最优质的教学师资，提供优异的学习环境，强化因材施教，个性化培养。全程实行导师制，一年级每班配备1名指导教师，二三年级每1~2人配备1名学术导师。本科阶段可享受图书借阅、SRT项目申报、奖学金等政策倾斜。

▍金善宝实验班（动物生产类）

由动物医学院和动物科技学院共同开设，分设动物健康和动物生产两个方向，旨在培养具备动物医学、动物药学、动物科学等方向从事教学、科研、开发与技术推广等工作的创新型人才。

统一招生，入院分流，学制依专业方向而定，动物健康方向学制5年，动物生产方向学制4年。全程实行导师制。低年级配备班主任，高年级每3~5人配备1名指导教师。前四年（动物健康方向）或前三年（动物生产方向）完成本科阶段的主要课程学习；第四（动物健康方向）或第三（动物生产方向）年开始选择导师并进入导师课题组，进行科研训练。对部分学习优秀、有培养潜质的学生实行免试推荐、本硕博贯通培养。

菁英班

资源环境科学菁英班

"资源环境科学菁英班"是南京农业大学与中国科学院南京土壤研究所联合培养创新人才的新模式。该班学生的招生、本科阶段的培养由南京农业大学负责，按照南京农业大学管理制度进行管理，并在南京农业大学完成课程学习。

在本科阶段，根据南京农业大学教学安排，中国科学院南京土壤研究所选派优秀科研人员通过开设学术前沿讲座、暑期短期讲座，开办"暑期学校"的形式参与学生培养工作；选派优秀研究生代表与本科生定期开展学术交流讨论，培养本科生的学习兴趣和科研志向；设立创新训练课题并在南京农业大学设立"菁英计划"奖学金，用于鼓励学业成绩优异的"资源环境科学菁英班"学生。学生的本科毕业条件及学士学位授予资格按南京农业大学的相应规定进行审核，同时可获得由南京农业大学和中国科学院南京土壤研究所联合颁发的学习证明。

生物科学与技术菁英班

"生物科学与技术菁英班"是南京农业大学与中国科学院上海生命科学研究院联合培养创新人才的新模式。该班学生的招生、本科阶段的培养由南京农业大学负责，按照南京农业大学管理制度进行管理，并在南京农业大学完成课程学习。

在本科阶段培养期间，中国科学院上海生命科学研究院根据南京农业大学教学安排，选派优秀科研人员开设学术前沿讲座和暑期短期讲座；选派优秀研究生代表与本科生定期开展学术交流讨论，培养本科生的学习兴趣和科研志向；开办"暑期学校"；设立创新训练课题并在南京农业大学设立"菁英计划"奖学金，用于鼓励学业成绩优异的"生物科学与技术菁英班"学生。学生的本科毕业条件及学士学位授予资格按南京农业大学的相应规定进行审核，同时可获得由南京农业大学和中国科学院上海生命科学研究院联合颁发的学习证明。

卓越农林人才计划项目
拔尖创新班

2014 年学校获批成为首批由教育部、农业部和国家林业局共同组织实施的卓越农林人才教育培养计划项目试点高校之一。"拔尖创新型"卓越农林人才教育培养计划立足于培养具有创新思维、科研能力、国际背景，一批具有国际水准的拔尖创新型农业人才，能够在未来我国甚至是全球农业领域发挥关键作用的领军人物。

中华农业文明博物馆

我要取得自学考试本科第二学历

1 什么是高等教育自学考试?

高等教育自学考试是由国家授权的权威考试机构管理实施,以学历考试为主的国家考试,是我国高等教育体系的重要组成部分。毕业证书、学位证书经教育部电子注册,在中国高等教育自学考试信息网上网,供用人单位查询,到目前为止承认我国自考文凭的国家已达 26 个。

2 高等教育自学考试第二学历教育的优点

我校主考、获取文凭快、学习费用少、考试通过率高、可信度高、利用业余时间在校内学习、对主修专业影响小。

3 参加自学考试本科(二学历)学习的对象

本校普通在校 2016 级本科生、研一新生。凡主修专业学有余力,均可申请报名。

4 考试课程门数及考试时间

考试课程门数、学分总数一般不少于 13 门。由学校自学考试办公室组织集体报名,参加江苏省自学考试委员会组织的每年 1 月份及 7 月份的统一考试。

5 免考规定

（1）江苏省教育考试院规定，学生在主修专业已修读过的与自学考试名称相同、教学要求相同、学分一致的课程，考试通过者可申请免考。具体办法按《高等教育自学考试课程免考细则》有关规定执行。

（2）为了鼓励学生报考我校二学历，我校规定，学生在二学历期间考试通过的课程，如与学校选修课名称相同、教学要求相同、学分一致、可免修学校相应的选修课并替代该选修课的学分。

6 毕业证书发放与学位授予

学生修完专业规定的全部课程(含毕业论文或毕业设计)，取得相应的学分，并在主修专业修业年限内获得主修专业的毕业证书，经毕业资格审核，学校颁发由江苏省自学考试委员会和南京农业大学联合盖章、教育部电子注册的自学考试毕业证书。自考毕业证书与普通高等教育毕业证书同步发放。对符合《南京农业大学自学考试学士学位授予条件》的学生，可授予相应学科的学士学位。

备注：自考二学历具体通知请关注 http://chjw.njau.edu.cn"自学考试"（一般通知在每年的 5 月份中旬公布）。

继续教育学院、自学考试办公室地点：南农三号门往南 150 米（童卫路 10 号继续教育学院 206 室）。

我要境外留学

南京农业大学先后与30多个国家和地区的150多所高校、研究机构建立了学生联合培养、学术交流和科研合作关系。建有"南京农业大学－美国加州大学戴维斯分校全球健康联合研究中心""南京农业大学－康奈尔大学技术转移中心""中美食品安全与质量联合研究中心""中澳粮食安全联合实验室""中荷土地规划与地籍发展中心""中日植物分子生态联合实验室"等多个国际合作平台。2007年成为教育部"接受中国政府奖学金来华留学生院校",每年招收来自60个国家的长短期留学生700余人。2008年成为全国首批"教育援外基地"。2012年获批建设全球首个农业特色孔子学院。

为创造"国际化"校园氛围,南京农业大学将助你共享世界一流大学合作伙伴平台,为你倾力打造"留学项目超市",构建"一站式"出国服务平台。目前,学校与"美国加州大学戴维斯分校""英国雷丁大学""澳大利亚西澳大学""日本千叶大学""韩国国立首尔大学"等世界知名高校常年开展"交换访学项目""本科2+2双学位""硕士双学位"等中外学生合作培养项目。自2013年起,学校专门设立"国际交流奖学金",资助或奖励学生参与国际交流项目。

在这里,你将踩着巨人的肩膀,站得更高,看得更远,成为拥有国际视野、紧跟科技潮流的复合型高层次人才。

部分经典项目

● 推荐学位项目

英国雷丁大学硕士研究生项目

美国佛罗里达大学"2+2"本科双学位项目

新西兰梅西大学本硕双学位项目

法国巴黎高科工程师硕士项目
澳大利亚西澳大学本科双学位项目
中美"1+2+1"本科人才培养项目
法国里尔—大本硕双学位项目
美国康涅狄格大学"3+1+1"本科
双学位项目
英国考文垂大学本科双学位项目
......

● 推荐非学位项目
1. 学期/学年访学项目
美国加州大学戴维斯分校海外学习
项目 *
美国加州大学戴维斯分校暑期学习
项目 *
美国哥伦比亚大学海外学习项目

美国佛罗里达大学海外学习项目 *
英国雷丁大学海外学习项目 *
澳大利亚西澳大学海外学习项目 *
澳大利亚悉尼大学海外学习项目
新西兰梅西大学海外学习项目
日本早稻田大学海外学习项目
......

2. 交换生项目
丹麦奥胡斯大学交换学习项目 *
比利时根特大学交换学习项目 *
韩国国立首尔大学交换学习项目
韩国国立庆北大学交换学习项目
韩国国立江原大学交换学习项目
韩国国立全北大学交换学习项目
日本千叶大学交换学习项目

日本筑波大学交换学习项目
日本东京农工大交换学习项目
日本宫崎大学交换学习项目
……

● 推荐寒暑假短期交流项目
美国西部名校系列短期交流项目（加州大学戴维斯分校，加州大学伯克利分校，加州大学河滨分校，加州大学洛杉矶分校，加州大学圣地亚哥分校，斯坦福大学等）
加拿大英属哥伦比亚大学暑期学校项目
韩国名校短期交流项目（国立首尔大学、国立庆北大学）
澳大利亚名校短期交流项目（墨尔本大学、悉尼大学、拉筹伯大学等）
日本石川县政府暑期短期交流项目
日本宫崎大学暑期/寒假短期交流项目
……

备注:* 标记项目均有国家或学校奖学金给予奖励和资助

具体项目介绍电子版下载链接:
http://coie.njau.edu.cn/ch/readnews.asp?id=1714

部分参与海外学习项目的学生感言

★总体来说我在英国的学习生活是一次很美好的经历。出国学习不仅增加了我的知识文化水平，更丰富了我的见识，对未来的生活和工作有很大的帮助。在生活上我更加独立，掌握了很多生活技能，对于日后的独立有很深的影响。在过去的一年里我的学习生活还不错，在未来的日子里我要更努力，去不断超越自己。（英国考文垂大学本科双学位项目，孙凡博）

★就像在日本时会把记忆里的家乡美化一样，回来后又不自觉地把记忆里的日本美化，然后特别舍不得从习惯不久的交换留学的生活中抽离出来。或许我们永远不会知道那些日子的烙印有多么深，直到习惯了现在并和过去渐行渐远的时候，直到回头，发现再也看不清曾经的自己的时候，直到有一天，那些过往都幻化为带我们翱翔的隐形的翅膀的时候。（日本早稻田大学海外学习项目，杨阳）

★4个月的学习交流像一场梦，回到南农后还意犹未尽。从报名、提交成绩、面试、准备签证材料等一系列程序到真正踏上韩国的土地，约有3个月的时间。在这个准备过程中，需要我们耐心细心接收每一封邮件，按照要求提交材料。但是前期的准备都是为了更好地适应抵达韩国以后的学习和生活！这4个月给了我很大的收获，临走的时候都哭成泪人了……这4个月不仅改变我对韩国的印象和理解，更了解了不同人的生活概念和方式，从而进一步提升自己。一个字：值！（韩国国立首尔大学交换学习项目，华锦婉）

★过去的两年印证了中国的那句老话：光阴似箭，岁月如梭。两年前那个看看别人青春足迹的小女生，居然也开始坐在电脑前闲谈她所经历的那些人，那些事，那些时光。两年的时光带给我的不仅仅是知识阅历的增长，更重要的是教会了我如何认识自己，如何找到自己的人生定位。（中美"1+2+1"本科人才培养项目，王丹）

★这是我第一次一个人踏上遥远的征程。13个小时，飞向大洋彼岸，用另一种语言，认识陌生的人，感受不一样的文化。每天，我都在接触新的东西：没吃过的食物、没见过的玩意儿、没去过的地方。对万事万物都保持孩童般的惊奇。这段经历是值得的，它让我真真切切地成长了。（加州大学圣地亚哥分校访学项目，张弦）

★在宫崎的这5个月的时间里，认识了很多人，交到了很多朋友，有很多很难得的经历。我觉得到日本学习是必须的，但是学习的同时也要多和日本同学、老师或者社会人士等多层次的人交流，在交流中注意留心身边的小事，从一些经常容易被忽略的小事更能看出一个人、甚至一个民族的特性。往往这些小事更能引发一些思考，或许就会成为某个

信念的转折。（宫崎大学交换项目，杨桂枝）

★这是我第一次长期离家，离开自己熟悉的环境，踏入语言障碍重重，文化风俗习惯与中国大相径庭的国度里，期间饱受泪水与欢乐，挫折与成功。生活时间虽短，但是经历颇多，这将成为我以后人生道路上不可多得的宝贵财富。（加州大学河滨分校访学项目，张超奇）

★虽然这是我两年内第三次赴美，但长期生活在纽约这个 Salad Bowl 还是头一回，不仅要独自面对各种陌生的情境，也学会了如何将自己的学业生活安排得井井有条。在学期末，有幸作为学生代表在哥伦比亚大学结业典礼上做主题演讲，赢得了老师、同学们的一致好评。（哥伦比亚大学访学项目，殷钱茜）

★我于 2013 年 8 月赴美国佛罗里达大学进行为期 10 个月的交流学习。时间虽短，却是非常富有意义而精彩的，甚至在一定程度上改变了我的人生观、价值观。（佛罗里达大学访学项目，谢玉蕊）

★在美国短暂的访学之时，我所感受到最深的，是美国学生思维方式的一大优点——批判性的精神。与美国的师生辩论，虽是一种相互批判的方式，但却常常感受到一种发表观点的自由，这种自由并不基于任何法律的允许，只是一种思想的境界，一种习惯的行为。我想，这种自由正是来源于批判性的精神。（加州大学伯克利分校访学项目，潘阳宸）

★ The journey to UC Davis was fantastic. We experienced the life as a normal university student here. All in all, this experience was unique and unforgettable. I'd like to thank my college and NAU that offered me the precious chance to study in UC Davis.（加州大学戴维斯分校，刘泪莎）

我要公派交流访学

南京农业大学本科生公派出国交流项目简介

南京农业大学公派出国交流项目主要有国家留学基金委设立的优秀本科生国际交流项目（简称 CSC 项目）、江苏高校学生境外学习政府奖学金项目和院级项目。

CSC 项目每年选派一批大二、大三本科在校生以本科插班生身份，赴国外进行为期 3~6 个月课程学习。CSC 项目要求学习成绩平均分不低于 85 分或平均学分绩点不低于 3.5 分；雅思 6.5 分，托福 95 分。请有兴趣同学尽早准备雅思或托福成绩。

江苏高校学生境外学习政府奖学金项目每年选派一批本科在校生于暑期以团组形式赴世界名校开展为期 4~5 周的课程学习。

南京农业大学与世界知名大学合作，促进多元文化交流，提高学生的创新意识、实践能力和国际竞争力，培养高素质国际化人才。

公派出国交流项目

● 2017 年实施 CSC 项目
南京农业大学与美国佛罗里达大学本科生交流项目
南京农业大学与美国加州大学戴维斯分校本科生交流项目
南京农业大学与澳大利亚西澳大学本科生交流项目
南京农业大学与英国雷丁大学本科生交流项目
南京农业大学与丹麦奥胡斯大学本科生交换项目
南京农业大学与比利时根特大学本科生交换项目
南京农业大学与新西兰梅西大学本科生交流项目
……

美国宾夕法尼亚大学
美国杜克大学
美国伊利诺伊大学
美国加州大学
英国剑桥大学
英国伦敦大学国王学院
英国伦敦政治经济学院
澳大利亚昆士兰科技大学
⋯⋯

南京农业大学本科生国内一流农林类高校访学项目简介

　　南京农业大学、中国农业大学、华中农业大学、西北农林科技大学四所教育部所属高等农业院校达成的《本科生联合培养协议书》，学校每年选派 10 名优秀本科生分赴其他三所高校对应专业完成为期一学年的访学项目。

● 涉及专业

中国农业大学可选择专业：

农学、动物科学、农业机械化及其自动化、植物保护、农业建筑与能源工程、动物医学、农业水利工程、农林经济管理、葡萄与葡萄酒工程、园艺。

华中农业大学可选择专业：

农林经济管理、园艺、动物科学、农学、园林、农业资源与环境、水产养殖学、植物保护。

西北农林科技大学可选择专业：

植物保护、农林经济管理、动物科学、林学、农学、设施农业科学与工程、农业机械化及其自动化、动物医学。

我要体验科研训练

——带你走进大学生创新创业训练计划项目

我校于 2003 年全面实施了大学生创新训练（Program for Student Innovation through Research and Training, 简称 SRT）计划，在 2007 年 9 月，我校与北京大学、清华大学等 60 所高校一起，被教育部正式批准为第一批"国家大学生创新性实验计划"项目学校。大多数受资助的学生在教师指导下，撰写出了质量较高的研究报告或学术论文，另有多项成果获得国家级、省级及校级大学生优秀科研成果奖。该"计划"的启动与实施是我校研究型教学和个性化培养的重要内容，为探索创新性人才的培养模式提供了一个全新的视角。

教育部在"十二五"期间，实施"全国大学生创新创业训练计划"，以此促进高等学校转变教育思想观念，改革人才培养模式，强化创新创业能力训练，增强大学生的创新能力和在创新基础上的创业能力，培养适应创新型国家建设需要的高水平创新人才。

什么是大学生创新创业训练计划项目

大学生创新创业训练计划内容包括创新训练项目、创业训练项目和创业实践项目三类。

1. 创新训练项目：本科生个人或团队，在导师指导下，自主完成创新性研究项目设计、研究条件准备和项目实施、研究报告撰写、成果（学术）交流等工作。

2. 创业训练项目：本科生团队在导师指导下，团队中每个学生在项目实施过程中扮演一个或多个具体的角色，参与编制商业计划书、开展可行性研究、模拟企业运行、参加创业实践、撰写创业报告等。

3. 创业实践项目：学生团队在学校导师和企业导师共同指导下，采用前期创新训练项目（或创新性实验）的成果，开发出一项具有市场前景的创新性产品或者服务，以此为基础开展创业实践活动。

我校大学生创新创业训练计划的实施，注重"过程"而非"成果"，项目旨在通过组织本科生参加"创新创业训练计划"，使其体验和了解科学研究和创业的整体过程，感知"作为科研工作者的顶峰体验"和"作为企业创办者的成功体验"，从而激发学生对科学研究和创业的兴趣，开发学生科学研究和创业的实践能力，增强科学研究和创业的综合素质，为实现个性化培养目标提供平台。

为什么要参加大学生创新创业训练计划项目

大学生创新创业训练计划项目旨在引导学生自主发现自己的能力和兴趣，最大限度地发展自己的智力和潜能，并打下终身学习能力的基础，以便在今后的生活中更好地扩展知识，服务社会。创新创业项目直接由学生本人负责，研究经费也由学生自主支配，极大地调动了学生参与科学研究的积极性、主动性和创造性。

主持或参加国家级、省级、校级或院级 SRT 项目的同学，在通过学校结题验收考核后，学校将颁发结题证书，并记 1 学分，同时作为免试推荐研究生的重要条件。研究成果得到实际应用，发明专利取得一定经济效益和社会效益，公开发表研究论文等，按照《南京农业大学关于奖励学分的暂行规定》，可以申请奖励学分。对在相应专业核心期刊上公开发表与 SRT 计划研究有关论文的在校大学生（限第一作者，需在论文首页注明：本研究得到南京农业大学 SRT 计划基金资助），可给予报销最高 1000 元的版面费。

此外，学校定期召开"SRT 计划系列学术讲座"，邀请前沿学者与参加"创新创业训练计划"的同学见面，共同探讨学术问题以及对创新的理解，深入浅出之中引领学生走进科研；每年组织优秀项目主持人经验交流活动，与低年级学生分享参与创新计划的收获与体会，让同学体验做学者的乐趣。优秀"创新创业训练计划"项目的主持人或参加者，还可以参加"植物生产类大学生实践创新论坛""全国大学生创新创业年会",与全国各高校优秀项目的同学一起交流。

如何参加大学生创新创业训练计划项目

1. 项目申报阶段：大学生创新创业训练计划主要面向全校全日制本科一、二年级学生。申请者必须学业优秀、善于独立思考、实践动手能力强、对创新研究、创业实践等有浓厚的兴趣、具有一定的创新意识和创业实践能力，具备从事创新创业的基本素质和能力，有强烈的求知欲望和严谨踏实的作风，有良好的职业道德和团结协作精神。申请者可以是个人，也可以是团队（每个团队由3人组成），鼓励学科交叉融合，鼓励跨院系、跨专业，以团队形式联合申报。

每年12月开始项目申报工作。申报程序为：（1）个人申请；（2）教师（具有副高以上职称）推荐；（3）学院审核；（4）学校审批立项。学校发布申报通知，学生以课题组为单位填写申报书，每个课题组不超过3人，其中1名为项目主持人。学院根据学校分配计划进行初评，并公示评审结果，学校组织专家进行最终评审。

2. 项目实施及中期检查阶段：项目负责人接到立项通知后，填写《南京农业大学大学生创新创业训练计划项目合同书》，依托校院实验中心、新农村服务基地（综合示范基地、特色产业基地和分布式服务站）、创业园区等平台，开始项目实施工作。在项目研究时间过半，项目负责人应提交《南京农业大学大学生创新创业训练计划项目中期检查报告》，内容包括：任务完成情况，困难和问题，下一步工作计划等。学校在9~10月份组织中期检查，提出实验与研究改进建议。

3. 结题验收阶段：项目完成后期，项目负责人应撰写《南京农业大学大学生创新创业训练计划结题验收报告》，并附上研究记录等相关材料和研究成果、实物等，在次年4~5月学校对项目进行结题验收。

优秀项目简介

1. 项目名称：东南四省（浙江、福建、广东、台湾）花金龟类群的初步研究
项目编号：111030714

项目类别：国家大学生创新训练项目

项目主持人：邱见玥；参加者：左芸，刘郁

项目指导教师：胡春林

项目介绍：

项目研究期间，研究组成员去各地保护区及森林公园进行野外采集，包括福建省武夷山国家级自然保护区、重庆四面山市级自然保护区、贵州茂兰国家级自然保护区、湖南长沙岳麓山风景区、湖南壶瓶山国家级自然保护区等20多个地点，同时检视了北京动物所、日本国立科学博物馆、大英自然历史博物馆、荷兰莱顿自然博物馆等共计6个国家30个单位或个人的花金龟标本收藏。通过收集鉴定和查对动物学记录（Zoological Record），整理出中国花金龟亚科昆虫初步名录，包括异名变动和分布，共计1亚科10族16亚族70属470种（亚种）；整理东南四省花金龟亚科初步名录，共计1亚科10族43属190种（亚种），其中省份新记录50种，发现了5个新种。

该项目研究成果"鳞花金龟亚属（鞘翅目：金龟科：花金龟亚科）的分类订正"荣获南京农业大学2012年"挑战杯"大学生课外学术科技作品竞赛一等奖，并于2013年在ZOOTAXA上发表SCI论文"Revision of the subgenus Cosmiomorpha（Cosmiomorpha）（Coleoptera:Scarabaeidae:Cetoniinae）"。

2. 项目名称：基于农场与社区对接的农产品溯源数字化商务平台及社区实体店模式推广

项目编号：201310307079

立项时间：2013年3月

项目团队成员：张轩、黄思源、李知人

项目指导老师：许朗

项目介绍：

本项目以目标农产品（有机、绿色、无公害）生产流通全程为对象，以实现"农场 24 小时的专业管家"为目标，在华为 OceanStor 云存储平台上搭建两大技术平台：一是为农场提供有关优质农产品安全生产控制的"设施 e 控"平台；二是为企业客户与消费者之间搭建的"e 追溯"安全信息溯源及交易平台。平台为加盟企业提供环境信息传感器组网系统、溯源信息采集、安全生产控制、全程溯源预警、专家远程指导等软硬件服务，并在此基础上搭建一个远程可视、二维码追溯的农产品全信息即时追溯平台，后期扩展功能，打造一个可供在线交易的电子商务平台，帮助农企生产并销售绿色健康的农产品。

项目主要成果：本项目从 2013 年 3 月开始正式实施，前后历经一年，共有近十个学院的十五名同学参与项目的实施，完成了技术研发、风险策划、市场推广等一整套商业化模式设计，成功实施了项目计划书内容，促进科研成果产业化成果孵化，经济效益与社会效益显著。项目在江苏省第一届大学生科技创新创业成果展上获得投资商青睐并成功签约，随即在南京市玄武区紫金创业园注册成立南京金麦云农业科技有限公司。2013 年 7 月 15 日央视新闻频道栏目《新闻直播间》专题"中国经济半年报"将此创业项目进行了典型报道，节目中直指该模式代表未来中国绿色经济消费新模式。同时，《现代快报》《扬子晚报》《金陵晚报》《南京日报》等十家媒体也陆续进行了报道，产生了一定的社会影响力。

指导教师体会

笔者自 2009 年起开始指导大学生科研训练活动，先后指导院、校、省及国家级大学生科研训练 10 余项，大部分项目在结题时被评为优秀，指导的本科学生已在国内核心学术期刊发表或接收研究论文 8 篇、申请国家专利 2 项，并先后获得院、校、市及省级大学生创新创业大赛奖励 10 余项。在大学生科研训练的过程中，从教师的角度，审视了该项目在培养学生中的作用，谈几点体会，仅供参考。

1. 尊重学生个性，发挥学生科研创新的主动性。只要我们充分的相信学生，给他们创新的自由空间，学生是会让你惊喜的。允许失败，让学生在失败中总结，直至成功，使学生充分体验创新带来的成功感觉，同时也要体会失败与重复。

2. 宏观把控，培养学生的协作与团队协调能力。在指导过程中，教师要特别注重学生合作精神的培养。在项目团队的组成上，给予负责人充分的权利，成员在自愿报名的前提下，由项目负责人考核确定。在具体的实验过程中，团队成员间也可能发生各种矛盾，针对不同的问题，教师只需给出合理的建议，宏观调控，最终矛盾的解决要靠他们自己，有意识地锻炼他们解决问题的能力。

3. 研学相长，全面提升学生的综合实力。通过教学和科研活动，挖掘和开发学生的潜在能力，为社会发展积累有知识和会创造的人力资本。通过创新创业科研训练，这些学生不仅专业课程学习成绩优异，外语水平、总结归纳能力以及写作水平也都有了长足的进步。虽然他们几乎将所有的业余时间都投入到实验中，但学习成绩并没有下降，反而有所提高，这也证明问题学习法是学习专业知识的最有效途径之一，值得在大学中提倡。

4. 加强指引，启发学生学会思考。如何在创新实验中培养学生科学的思维能力？创新实验，顾名思义是要培养学生创新的能力，那么指导老师就应该扮演指引者角色。即使是学生天马行空的一个想象，也应该引导学生科学分析。在分析的过程中让学生做出判断，在不断地批判与肯定的过程中，锻炼他们分析问题、解决问题的能力。

学生体会

作为 SRT 项目组的负责人，我非常感谢学校可以让我拥有主持国家创新创业项目的机会，它改变了我大学四年的轨迹。2012 年我选择了非常感兴趣的环境方面的研究，申报了国家大学生创新创业项目，通过学校严格的层层审核和答辩，我最终凭借着自己的出色发挥和对环境类研究的深入了解，成功获批了国家大学生创业实践项目"新型生物质活性炭纳米材料的制备、调控与开发"，并以此为契机开展了我的研究。在研究的过程中，我逐渐发现，如何将高校的科研项目转化为可以被消费者普遍接受和使用的产品，才是我们最需要做的。因此，我在完成了既定目标后，开始着手研发大众环保类产品，最终，通过努力，我成功研发了一款新型雾霾防护口罩，并且申请了 4 项相关专利，其中 3 项均已获得授权。最终，即将毕业的我，选择了以我研发的产品为核心，走上了自主创业的道路，而就是在我大二时申请的这个国家创新创业项目，彻底改变了我的求学轨迹甚至人生轨迹，真的非常感谢这个项目带给我的改变。

我要申请免试读研

推荐免试研究生(含"直博生")的选拔

推荐免试研究生(含"直博生")的选拔工作于每年的 9 月份即本科阶段的第 7 学期初(动物药学和动物医学为第 9 学期初)正式开始,先推荐后接收,推荐程序为:综合考核、确定拟推荐免试名单、推荐免试名单公示。接收程序为:网上报名、审核申请人信息、核发复试通知、确认复试、复试、核发待录取通知、确认录取、拟接收名单公示。

推荐办法:所有拟推荐学生均须进行综合考核,以综合考核总成绩排名推荐。综合考核内容包括学生学习成绩 GPA 绩点和综合素质与能力考核。推荐免试研究生(含"直博生")推荐工作由教务处负责组织和实施,具体办法见当年的推荐免试研究生(含"直博生")推荐工作通知。

接收办法:推荐免试生均须经过面试考核方能接收为攻读硕士或博士学位研究生(直博生)。面试考核工作由以研究生招生专业(二级学科或一级学科专业)为单位组织的面试考核小组进行。推荐免试研究生(含"直博生")接收工作由研究生院负责组织和实施,具体办法见当年的推荐免试研究生(含"直博生")接收工作的通知。

我要当创业先锋

　　谁将是下一个比尔·盖茨或马克·扎克伯格？谁将是数年后耀眼的创业先锋？谁又将成为未来的商界翘楚？你！就是你！

　　我校大学生创新创业训练计划的实施，着力培养学生的创新创业和开拓精神、交流沟通能力、国际化视野、领导和执行能力，以期在今后的一段时间内涌现出一批创业先锋，成为各行各业的领袖和精英。

　　无论你是什么专业，无论你是哪个年级，也无论你现在是否决定创业，你都可以来尝试一下。在就业创业课程中，你将领略到产业教授的风采，你将学习就业的基本知识和创业的理论与方法，了解创业过程的内在规律，学会如何把握商机、洞察消费者心理，如何在创业中少走弯路。

　　我校全新的就业创业课程定位是就业创业综合素质教育，以提高学生的创新精神和创业能力为目标，而不是简单、片面地鼓励学生创业。通过系统地课程学习和实践，培养学生掌握创业知识和技能，提高创业素质和能力，使毕业生不仅是具备良好素质的求职者，更是未来成功的企业家和新工作岗位的创造者。

　　在课程体系建设的基础之上，学校还组织丰富的就业创业教育第二课堂活动，如聘请产业教授、创业导师开设创业讲座、实施大学生"创新创业训练计划"项目、组织学生去企事业单位实习实训、建设就业创业基地等，全方位培养学生职业发展的素质与能力。

05

学习资源

05

学习资源

我的图书馆

南京农业大学图书馆是由原金陵大学图书馆、中央大学图书馆的部份人员和书刊合并建设而成。图书馆实行总馆分馆制,总馆(卫岗校区图书馆)下设浦口分馆(浦口区点将台路40号)、社科分馆(逸夫楼5079、6003室)、畜牧兽医分馆(逸夫楼2032~2034室)、农业遗产分馆(逸夫楼6011室)。总建筑面积3.24万平方米。设有阅览座位4470席,实际在用有线网络信息点1020个,无线网络全覆盖。现有馆藏纸质书刊235.4万册,电子图书1500余万册,电子西文期刊13800种,电子中文期刊15200种,国内外数据库120种,自建特色数据库6个。图书馆建有1902信息共享空间、单人耘诗书画展览室、多媒体学习室等服务设施,每周开放101小时,年接待读者近220万人次,年纸本流通总量约50万册。图书流通采用汇文文献信息服务系统,并与校园一卡通系统接轨,读者可使用校园卡在馆内通过门禁、接受服务、自助缴费、自助充值等。

学校中心馆设有办公室、读者服务部、文献资源建设部、发展研究部、参考咨询部、网络运营部、用户服务部、信息应用部、教育技术部,常年开展书刊借阅、电子阅览、电子书刊借阅、自助打印复印、书目信息查询、读者信息查询、读者培训、参考咨询、科技查新、文献传递、重点学科导航、校园网接入与管理、校园网和图书馆网站建设、教学视频资源库建设与管理、电视教学片摄制、多媒体课件制作等服务工作。

图书馆与南京航空航天大学图书馆、南京理工大学图书馆、南京林业大学图书馆、南京体育学院图书馆共同建设成立了南京城东高校图书馆联合体,通过统一的图书资源检索平台,实现了纸本图书通借通还,电子图书共知共享。

求学路上的好伙伴
—— 教务处网站

教务处网站更是为方便广大师生而着力建设的重点工程，网站不仅发布选课、考试报名、考试安排、规章制度等与教学相关的信息，同时集成了教务系统、课程中心、毕业论文管理系统等各个教学平台的统一入口。网站已成为集宣传、教育、办公、沟通等多项功能于一身的工作平台，是学生了解政策、参与管理、反馈信息的最便捷的途径。

在这里：

你可以了解最新的工作动态，从而更好地安排自己的学习生活。

你可以查阅学校教务管理的有关规章制度，以便规范自己的行为。

你可以登录教务系统完成网上选课，查询课表和成绩，参与网上评价和调查，发表意见，参与管理。

你可以便捷的访问课程中心、博文益智教育网站、选读课辅导专题网站，方便地获取数字化学习资源。

你只要点击学校主页上"人才培养"栏目中的"本科生教育"链接，或者在浏览器的地址栏中输入 http://aao.njau.edu.cn，就能进入教务处网站。

从你进入南农的第一天开始，你就拥有了一个在学校信息门户网站和教务处网站统一的账号，默认用户名是学号，密码是身份证后六位。

自主学习的新天地

—— 课程中心

"课程中心 (http://cc.njau.edu.cn)"，汇集了数百门课程的数字化学习资源，有百余门各级精品课程的文章、图片、音频、视频资料。在课程中心，你和你的同学、老师每人都有一个独立的访问账户，它就是你大学生涯中进行自主学习的自由空间。

在"课程中心"，你可以获得与课程教学同步甚至更丰富的学习资源；

在"课程中心"，你可以向老师、同学求助提问；

在"课程中心"，你可以与全校同学共同讨论学习；

……

我们欢迎、也积极推荐你课余学习首选访问"课程中心"，因为你的学习历程、你的全心参与，是"课程中心"可持续建设与发展的必要条件，也是学校投入建设"课程中心"的初衷。

我们期望，你的大学生涯，是你每一天都有进步、不断努力奋进的过程，也是课程中心日益壮大、效用彻底发挥的过程。

请记住并随时访问："课程中心（Course Center）"，http://cc.njau.edu.cn。

我要学习
"尔雅通识课"

　　"尔雅通识教育网络课程"邀请了国内外著名学者专家、各学科领域名师亲自授业解惑，精加工成"百家讲坛"形式的讲课视频，为学生呈现出优质的通识课程。我校引入其中的30门课程，涉及军事理论、心理学、就业与创业、科技、法学、文化比较等范畴。

　　"尔雅通识课"采取完全自主学习的网上学习方法，学校不统一安排上课时间、地点，学生须根据自身时间在课程开放时间内完成学习任务，通过观看视频、完成相应作业、提问、参与讨论等方式进行学习。学生须参加学校组织的线下考试。

　　"尔雅通识课"的选课时间在每年的3月份和10月份，学生可通过教务系统进行选课。选课结束后在规定时间内完成学习、考核，才能取得成绩。"尔雅通识课"计入全校性通识教育选修课学分，综合考核成绩达到60分即为及格，并获得相应课程学分。

我要学习
"创新创业课程"

南京农业大学引入高校邦 8 门创新创业课程，涉及就业与创业、互联网技术等范畴。这类课程是充分发挥公司优势、联合相关领域专业人士打造的独具特色的课程，补充了学校在"互联网 +"高速发展以及推动"大众创业、万众创新"的背景下对创新创业课程的需求。

"南京农业大学创新创业课程选课平台"为全在线自学的课程。学生登录"南京农业大学创新创业课程学习平台"（njau.gaoxiaobang.com），通过观看视频、完成相应作业、提问、参与讨论等方式进行学习。学生须参加学校组织的线下考试。综合考核成绩达到 60 分即为及格，则可获得相应课程学分，并计入全校性通识教育选修课学分。

06

自我管理

06

自我管理

NAU 学业指导智慧平台

NAU 学业通过学前指导、学业指导以及个性指导对本科生的学业进行全程指导。未入学的新生及家长通过学前指导，提前查看所关注专业的人才培养方案，学前准备事项，学校相关制度，体会书香南农经典阅读氛围。在校学生以及通过授权的家长随时随地，通过 NAU 学业的"安排""指导""监控""诊断"与"完善"五大功能区，按学期查看个人的人才培养方案与自定义学业目标，学习内容，指导学习过程，监控学习状态，诊断学习效果，完善学习成绩。邀请家长一起伴随学生成长。

下载二维码

微信二维码

NAU 学业指导智慧平台下载使用地址：http://mxy.njau.edu.cn 通过该页面可查询登录帐号、app 下载、使用说明、微信公众号等相关信息

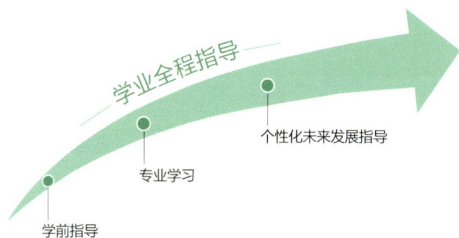

学业全程指导

个性化未来发展指导

专业学习

学前指导

第1学期

安排 >

指导 >

监控 >

诊断 >

完善 >

学前指导

面向人群

1. 准备或已报考南农的高中生及家长;
2. 关心南农人才培养的社会人士。

指导内容

1. 各专业人才培养方案;
2. 各专业教学计划;
3. 假期学业准备;
4. 假期学校事务提醒;
5. 书香南农。

制度及办事流程展示

提前了解南京农业大学教学管理相关制度。

第2学期 **第2学期:学业诊断**

课程及格率	100%
学业综合指数	80.92
在校GPA	3.4
归档GPA	3.4
本学期排名	21名
总成绩排名	42名

我该如何选课

　　学生根据培养方案的学分要求，结合自己的兴趣和发展方向选择课程修读，体现了大学学习的自主性。熟悉选课规则，学会选课，可以帮助你从容地迈出大学学习的第一步。

　　我校本科生选课在教务系统中完成（访问校园信息门户 http://my.njau.edu.cn，点击"教务系统"），学生网上选课分为通识教育选修课（含"尔雅通识教育网络课程"）、本专业推荐选修课、其他专业推荐选修课、体育选项、必读选读课程五类。各专业对各类课程均有规定的学分要求，学生须在选课前熟悉本专业培养方案，了解各类课程的学分要求，结合自己的修读计划完成选课。

　　通识教育选修课、本专业推荐选修课、其他专业推荐选修课、体育选项一般在第 17 周开始选课，必读选读课程一般在第 6 周开始选课，"尔雅通识教育

网络课程"一般在每年的 3 月份和 9 月份开始选课。请大家在选课前关注教务处网站（http://aao.njau.edu.cn）的通知公告，并在选课结束后及时登陆"教务系统"，查询选课结果。

通识教育选修课划分为人文科学、社会科学、自然科学、艺术与体育、应用技术五类，由学校开设的通识教育选修课和"尔雅通识教育网络课程"组成。各专业本科生在校期间须修满 10 学分的通识教育选修课，且在每一类课程中至少修满 2 学分。学生进入选课界面点击"校任选"，可以查看每学期学校开设的所有通识教育选修课程，完成选课。

尔雅通识教育网络课程邀请了国内外著名学者专家、各学科领域名师亲自授业解惑，精加工成"百家讲坛"形式的讲课视频，为学生呈现出优质的通识课程。尔雅通识课采取完全自主学习的网上学习方法，学校不统一安排上课时间、地点，学生须根据自身时间在课程开放时间内完成学习任务。选择学习的同学通过观看视频、完成相应作业、提问、参与讨论和参加考核等方式进行学习。学生需完整观看视频（学习进度达到 100%）方能参加课程的期末考试，否则没有考试资格。

本专业推荐选修课是指各专业学生在网上选择的所在专业的课程。学生进入选课界面点击"计划课程"，可以看到自己本专业的必修课程和选修课程，课程名称右侧没有备选框的课程，选课类型为"不选不退"，由学校根据学生培养方案统一置入；课程名称右侧有备选框的课程，选课类型为"可选可退"，由学生本人根据需要选课。"计划课程"选课窗口有两个部分内容，上半部分为已安排时间地点的课程，下半部分为未安排时间地点的课程，学生在选课时须查看窗口的全部选课信息，完成所列课程的选课。

其他专业推荐选修课是一组跨专业大类课程，我校各专业均将其专业主干课程开放为其他专业学生的选修课。学生根据培养方案及兴趣和发展方向，可自由选修，也可不选，但不得选修与主修专业相同或相近的课程。该组课程不单独开班，学生在自己的空余时间跟班选修该组课程，若修读学分同时达到辅修专业的要求，可以申请该专业的辅修证书。学生进入选课界面点击"自由选择"，录入"课程号"可以检索需要选修的课程，完成选课。

体育选项。大一第二学期和大二第一、二学期学生均须参加体育选项，完成体育课的选课。体育课是必修课程，如果学生不在规定的时间进行体育选项，则必须服从体育部的安排，插入某个班级进行学习。大一下学期转专业学生的体育选项须在大二开学后由体育部安排插班学习。

通识教育选修课（学校开设课程）、本专业推荐选修课、其他专业推荐选修课的选课过程分预选、正选、补退选三个阶段。教务处会在选课前发布选课通知，印发《选课手册》指导学生选课。选课通知会详细列出各阶段选课的选课时间，请学生在规定时间内完成选课。由于本专业选修课同时也会作为其他专业推荐选修课开放给其他专业学生选课，建议所有学生都须要参加预选。预选阶段采用的是"志愿式"，学生选课不受课容量限制。预选结束后教务处会根据选课人数与开课学院商定是否增加课容量，尽可能满足学生的选课需求。不能增加课容量和增加后仍无法满足学生选课需求的课程由系统自动抽签，确定上课学生名单，系统抽签时会优先抽中本专业学生。正选和补退选阶段采用的是"直选式"，提交成功后即选中该课程。

每学期开学第1~3周，学生可以在网上申请重修课程。如有特殊情况，可以到学院教务办申请，经教学秘书审核批准后方具备重修资格，办理后续相关手续。

选课阶段结束后，系统不再接受学生选课和退课。如果没有选课则不能取得上课资格，任课教师也无法录入你的成绩；选课后不参加课程学习和考核或参加考核不交卷按旷考处理，课程成绩记为零分，学分绩点以零计。

我要评价上课教师
——课堂教学学生网上评价问答

为什么要参与课堂教学评价?

学生参与了课堂教学的全过程,对课堂教学效果最有发言权;学生参与评价是学生教育主体地位的体现;学生参与评价有利于培养学生的参与意识和责任感。通过网上评价,学生可以及时把对教学的要求反馈给教师本人,鼓励教师继续保持在教学中做得好的地方,改进教学中存在的不足。学生参与评价,亦可以帮助学校更全面地了解教师的教学情况,有利于学校鼓励和表扬先进教师,引导广大教师积极投入教学工作。

学生如何进行网上评价?

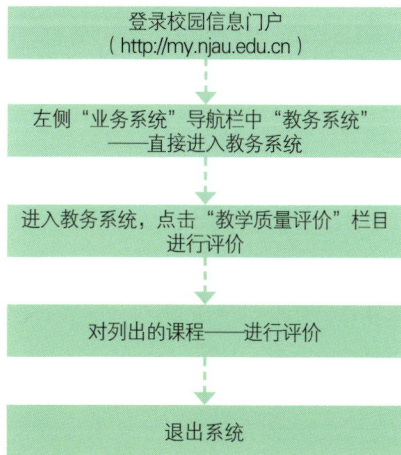

登录校园信息门户
(http://my.njau.edu.cn)

↓

左侧"业务系统"导航栏中"教务系统"
——直接进入教务系统

↓

进入教务系统,点击"教学质量评价"栏目
进行评价

↓

对列出的课程——进行评价

↓

退出系统

哪些学生、哪些课程参加评价？

南京农业大学在校全日制本科学生都须对本学期本人所上课程（实践教学课程除外）进行评价。

列入教学计划并正式开设的所有本科课程（实践教学课程除外）均须接受评价。

学生课堂教学评价的时间如何安排？

每学期第 7 周左右，学校会在教务处网站发布本学期的教师教学质量综合评价工作通知，同学们须严格按照通知规定的时间，对相关课程的任课教师进行评价。

未能按时参加评价的同学，将不能查看自己本学期的成绩。要记得在规定的时间内对任课教师进行评价。

评价指标有哪些？

主要评价指标项为：老师热爱教学，敬业勤勉，教书育人；老师能对我们课外学习给予指导；老师讲课思路清晰，重点、难点突出；老师提供或推荐的教学材料有助于课程内容的学习；老师讲课富于启发性，能激发学生的求知欲；师生互动，鼓励我们质疑和表达自己的观点，并给予引导；老师能有效利用上课时间，根据学生的理解水平调节授课进度；作业、考核等评价方式能激励我们主动学习与钻研；我觉得本课程增进了我的知识；学习本课程后，培养和提升了我的自主性、反思性学习能力。

如何保证课堂教学评价的有效性？

各学院要加强对学生网上评价的组织与管理，采取有效的措施督促学生参与评价，确保参评率。学生应本着对学校教学质量负责、对教师负责、对自己负责的态度来进行评价，保证评价的公正客观。

学生评价结果如何利用？

在教师教学质量综合评价体系中，学生评价的权重占60%。每学期末，将学生评价、督导评价和单位评价按照各自的权重计算出每位任课教师的综合评分，并以学院为单位对任课教师进行排序，产生综合评价结果。学院及时告知任课教师评价结果，并对评价排名靠后的教师制订相应的帮扶措施。教务处发布教学情况向全校师生通报教学评价工作的进展情况，公布每学期评价优秀的教师名单及各学院的参评率。

自我管理的好导师
——《学生手册》

　　每位同学在入学后都会收到一本由学校发的《南京农业大学学生手册》。这是一本有关学校本科生在校期间的行为准则、学习要求、奖惩规范等方面的政策和制度的汇编。她是你大学四年期间个人管理最好的导师，她将指导你在本科学习期间如何学习、如何提升自我。请一定要读透她哦！

07

教务服务

1 我要办成绩单或在籍证明
2 我要报名大学英语四六级考试
3 我要报名全国计算机等级考试
4 我要报名江苏省计算机等级考试
5 我要报名国家普通话水平测试

07

教务服务

我要办成绩单或在籍证明

我要办成绩单

学生因出国、夏令营、就业、考研或保研等需办理成绩单的，可以持校园卡到自助打印机上打印自己的中文、英文成绩单，也可到学院教务办公室打印成绩单，于周二下午或周三下午到教务处教务科（行政北楼 D312 室）盖章。

毕业班学生在毕业离校、校园卡注销前可以打印中、英文成绩单备用。

特别提醒：每学期放假前，会在教务处网站公布寒假或暑假期间成绩单办理时间，敬请关注。

我要办在籍证明

学生因国内交流、夏令营、就业、考研或保研等需办理在籍证明的，可以按以下两种方法办理：

方法一：学生持校园卡到行政北楼大厅的"睿智教务自助查询打印系统"上直接打印。

方法二：1. 学生本人持身份证和学生证到学院教务办开具"在籍证明"。

2. 学生持学院教务办开具的"在籍证明"，到教务处综合科盖章。

学生因出国需要办理在籍证明的：

方法一：学生持校园卡到行政北楼大厅的"睿智教务自助查询打印系统"上直接打印。

方法二：1. 学生本人持身份证和学生证到学院教务办开具"在籍证明"。

2. 学生持学院教务办开具的"在籍证明"，到教务处教务科审核后再到综合科盖章。

3. 如需英文在籍证明，请按照学校开具的中文"在籍证明"内容翻译，然后到教务处教务科审核，审核合格后再到教务处综合科盖章。

办理时间：每学期周二周三下午。

咨询电话：84399026。

友情提示：寒暑假期间，学校实行值班制度，请根据教务处寒暑假通知在规定时间内办理。

我要报名大学英语四六级考试

全国大学英语四六级考试是由教育部高等教育司组织的全国统一的国家教育考试，其目的是对大学生的英语能力进行客观、准确地测量，为大学英语教学提供服务。

大学英语四级考试和六级考试每年各举行两次，分别在6月和12月。

报名时间：6月份考试的报名时间在3月中下旬，12月份考试的报名时间在9月中下旬。具体报名时间会在教务处网站公布，并通过学院将报名通知发到各班级。

报名办法：通过校园卡在圈存机上报名，报名费在校园卡上同时扣除。

大学英语四六级考试成绩满分为710分，凡考试成绩在220分以上的考生，由教育部高等教育司委托全国大学英语四六级考试委员会（网址：http://www.cet.edu.cn）发给成绩报告单。成绩报告单大约在4月和10月寄到学校，学生到各学院教务办公室领取。

学生要妥善保管好自己的英语四六级考试成绩报告单。如果成绩报告单遗失，可到学院教务办公室开具成绩证明，到学校教务处综合科（行政北楼 D303 室）加盖公章。

特别提醒：根据江苏省教育考试院文件规定，考生一律在本校报名参加考试，在校外参加考试的成绩不予承认；当次考试四级、六级不得同时兼报，如发现四级、六级兼报，将取消其所有报名资格。

我要报名全国计算机等级考试

全国计算机等级考试是面向社会所有人员开放的计算机能力水平测试考试。目前，考试设立一级、二级、三级及四级。我校根据实际教学情况，目前开考语种级别为：一级的计算机基础及 WPS Office 应用、计算机基础及 MS Office 应用；二级的 C 语言、VB、JAVA、C++、Web 程序设计，ACCESS、VFP 数据库程序设计及 My Office 高级应用；三级的网络技术、数据库技术、软件测试技术、信息安全技术和四级的网络工程师、数据库工程师、软件测试工程师及信息安全工程师。

全国计算机等级考试考试形式为上机考试，其中一级 90 分钟，二级、三级 120 分钟，四级 90 分钟。

该考试每年举行两次，考试在每年的 3 月份和 9 月份，报名时间在每年的 12 月份和 6 月份。报名通知将在教务处网站及教学信息展示大屏上发布，也会发放书面通知到各院系，请同学们及时关注。

全国计算机等级考试的报名流程：采取报名缴费一体化报名模式，学生本人持校园卡在圈存机上报名，报名后可查看本人报名信息。报名结束后一周内，教务处向院系返回报名信息核对表，学生本人核对无误后签名确认。考试前一周，教务处向各学院发放考生准考证。

全国计算机等级考试证书于每年 6 月份和 12 月份发放，我校考生证书以学院为单位发放至各学院。

学生应妥善保管证书，如证书遗失，可通过教育部考试中心综合查询网（http://chaxun.neea.edu.cn）申请补办。

我要报名江苏省计算机等级考试

江苏省计算机等级考试是面向非计算机专业本专科生的教学考试。目前，考试设立一级、二级和三级。

我校组织春季的江苏省计算机等级考试，考试时间在 3 月份，报名时间在 12 月份，具体报名时间会在教务处网站公布，并通过学院将报名通知发到各班级。

报名办法：通过校园卡在圈存机上报名，报名费在校园卡上同时扣除。

江苏省计算机等级考试一级只有上机考试，二级包括笔试和上机考试，三级只有笔试。考试成绩合格者，由江苏省教育厅委托江苏省高等学校计算机等级考试中心颁发统一的合格证书，考试成绩优秀者，在合格证书上注明"优秀"字样。证书通过学院发放。一旦遗失，将无法补办。

我要报名国家普通话水平测试

国家普通话水平测试是面向全校师生的一种语言能力测试，是考察应试人运用普通话的规范程度的口语考试。其目的是促进普通话普及和应用水平的提高。

国家普通话水平测试每学年举行两次，一般在 5 月和 11 月。每位师生具体测试时间段安排以每个人的"江苏省普通话水平测试准考证"上的时间为准。

报名时间：5 月份考试的报名时间在 3 月上中旬，11 月份考试的报名时间在 9 月上中旬。具体报名时间将在学校网站主页、教务处网站主页以及教务处"普通话培训与测试"网页上公布。

报名方法：通过校园卡在圈存机上报名，费用在校园卡上同时扣除。

培训：测试前将针对测试内容进行普通话培训和辅导，具体时间同样会在学校网站主页、教务处网站主页以及教务处"普通话培训与测试"网页上公布。

国家普通话水平测试设三级六等，满分为 100 分，凡测试成绩在 60 分以上的考生，均可取得由江苏省语言文字工作委员会办公室颁发的，全国通用的普通话水平测试等级证书。具体领取时间会在学校网站主页、教务处网站主页以及教务处"普通话培训与测试"网页上公布。

根据学校相关规定，凡在校本科生测试成绩达到 92~94 分（含 92 分）者，可获得 1 个奖励学分；测试成绩达到 94 分及以上者，可获得 2 个奖励学分。

学生应妥善保管好普通话水平测试等级证书。如有遗失，可到江苏省普通话水平测试南京农业大学考点（教学楼 A501 室）开具成绩证明，到学校教务处综合科（行政北楼 D304 室）加盖公章。

08

附录

我的课程表

2017 – 2018 学年第一学期课表

节次		星期一	星期二	星期三	星期四	星期五	星期六	星期日	时间
上午	第一节								08:00~08:45
	第二节								08:50~09:35
	第三节								09:50~10:35
	第四节								10:40~11:25
	第五节								11:30~12:15
午　餐　休　息　时　间									
下午	第六节								14:00~14:45
	第七节								14:50~15:35
	第八节								15:50~16:35
	第九节								16:40~17:25
晚　餐　休　息　时　间									
晚上	第十节								19:00~19:45
	第十一节								19:50~20:35
	第十二节								20:40~21:25

2017 - 2018 学年第二学期课表

节次		星期一	星期二	星期三	星期四	星期五	星期六	星期日	时间
上午	第一节								08:00~08:45
	第二节								08:50~09:35
	第三节								09:50~10:35
	第四节								10:40~11:25
	第五节								11:30~12:15
午 餐 休 息 时 间									
下午	第六节								14:00~14:45
	第七节								14:50~15:35
	第八节								15:50~16:35
	第九节								16:40~17:25
晚 餐 休 息 时 间									
晚上	第十节								19:00~19:45
	第十一节								19:50~20:35
	第十二节								20:40~21:25

20 — 20 学年 ＿＿＿ 学期课表

节次		星期一	星期二	星期三	星期四	星期五	星期六	星期日	时间
上午	第一节								08:00~08:45
	第二节								08:50~09:35
	第三节								09:50~10:35
	第四节								10:40~11:25
	第五节								11:30~12:15
午　餐　休　息　时　间									
下午	第六节								14:00~14:45
	第七节								14:50~15:35
	第八节								15:50~16:35
	第九节								16:40~17:25
晚　餐　休　息　时　间									
晚上	第十节								19:00~19:45
	第十一节								19:50~20:35
	第十二节								20:40~21:25

20 － 20 学年 ___ 学期课表

节次		星期一	星期二	星期三	星期四	星期五	星期六	星期日	时间
上午	第一节								08:00~08:45
	第二节								08:50~09:35
	第三节								09:50~10:35
	第四节								10:40~11:25
	第五节								11:30~12:15
午　餐　休　息　时　间									
下午	第六节								14:00~14:45
	第七节								14:50~15:35
	第八节								15:50~16:35
	第九节								16:40~17:25
晚　餐　休　息　时　间									
晚上	第十节								19:00~19:45
	第十一节								19:50~20:35
	第十二节								20:40~21:25

20 － 20 学年 ___ 学期课表

节次		星期一	星期二	星期三	星期四	星期五	星期六	星期日	时间
上午	第一节								08:00~08:45
	第二节								08:50~09:35
	第三节								09:50~10:35
	第四节								10:40~11:25
	第五节								11:30~12:15
午　餐　休　息　时　间									
下午	第六节								14:00~14:45
	第七节								14:50~15:35
	第八节								15:50~16:35
	第九节								16:40~17:25
晚　餐　休　息　时　间									
晚上	第十节								19:00~19:45
	第十一节								19:50~20:35
	第十二节								20:40~21:25

20 － 20 学年 ___学期课表

节次		星期一	星期二	星期三	星期四	星期五	星期六	星期日	时间
上午	第一节								08:00~08:45
	第二节								08:50~09:35
	第三节								09:50~10:35
	第四节								10:40~11:25
	第五节								11:30~12:15
午　餐　休　息　时　间									
下午	第六节								14:00~14:45
	第七节								14:50~15:35
	第八节								15:50~16:35
	第九节								16:40~17:25
晚　餐　休　息　时　间									
晚上	第十节								19:00~19:45
	第十一节								19:50~20:35
	第十二节								20:40~21:25

20 － 20 学年 ___ 学期课表

节次		星期一	星期二	星期三	星期四	星期五	星期六	星期日	时间
上午	第一节								08:00~08:45
	第二节								08:50~09:35
	第三节								09:50~10:35
	第四节								10:40~11:25
	第五节								11:30~12:15
午 餐 休 息 时 间									
下午	第六节								14:00~14:45
	第七节								14:50~15:35
	第八节								15:50~16:35
	第九节								16:40~17:25
晚 餐 休 息 时 间									
晚上	第十节								19:00~19:45
	第十一节								19:50~20:35
	第十二节								20:40~21:25

20 － 20 学年 ___ 学期课表

节次		星期一	星期二	星期三	星期四	星期五	星期六	星期日	时间
上午	第一节								08:00~08:45
	第二节								08:50~09:35
	第三节								09:50~10:35
	第四节								10:40~11:25
	第五节								11:30~12:15
午 餐 休 息 时 间									
下午	第六节								14:00~14:45
	第七节								14:50~15:35
	第八节								15:50~16:35
	第九节								16:40~17:25
晚 餐 休 息 时 间									
晚上	第十节								19:00~19:45
	第十一节								19:50~20:35
	第十二节								20:40~21:25

校园地图

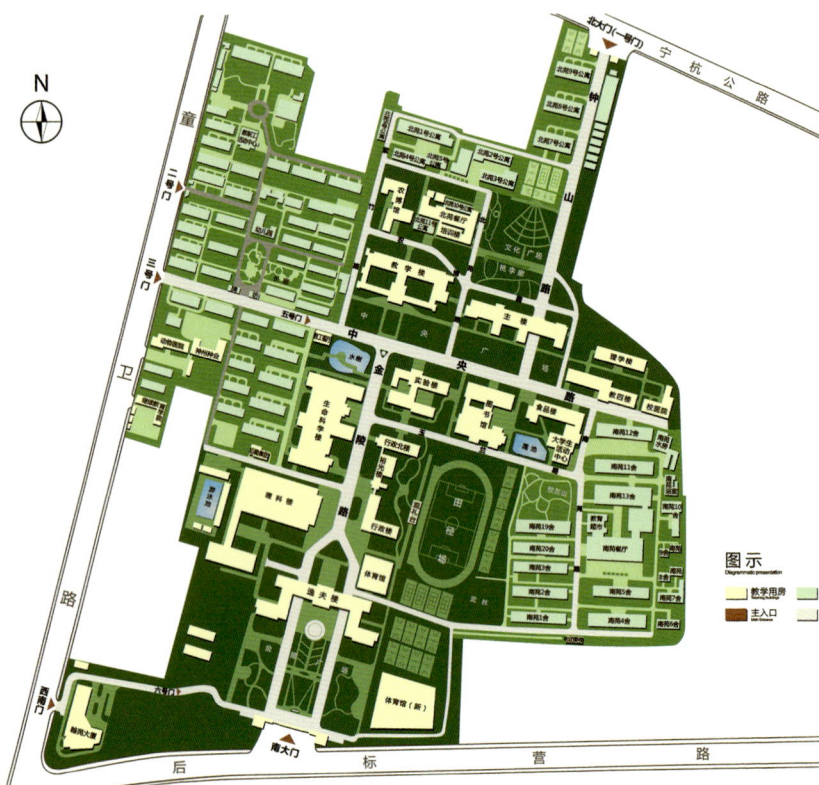

卫岗校区平面示意图

浦口校区平面示意图

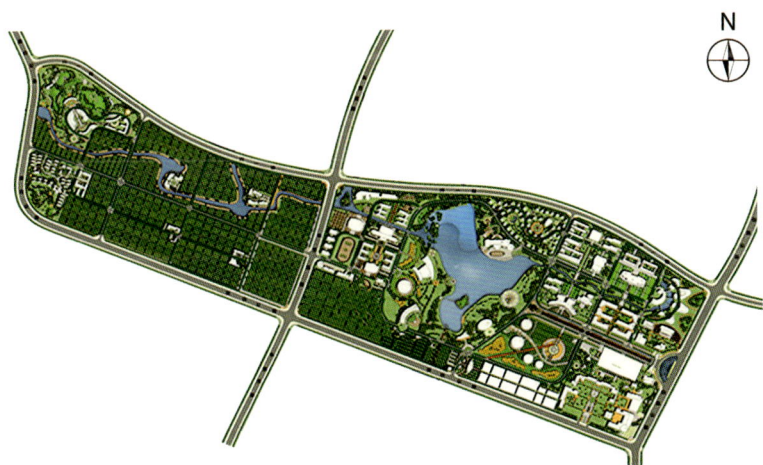

白马教学科研基地平面图

联系教务处

科室	办理事项	联系电话	办公地点
综合科	在籍证明、本科生出国、研究生推免等材料盖章、普通话培训测试、文化素质教育	84395386 84396126	行政北楼 D304 室
教务科	排课选课、教室调度、各类考试安排、学籍管理、电子注册或学生证注册、实验班选拔、转专业、重修、成绩管理、奖励学分、毕业资格及学位资格审核、证书发放	84395084 84395387 84399026	行政北楼 D312 室
教学研究与质量评估科	培养方案、教学质量评价	84395669	行政北楼 D302 室
实践教学科	实践与实验教学管理、毕业论文管理、SRT 管理	84395910	行政北楼 D307 室
教学实验室与基地管理科	实验教学示范中心、实习基地建设与管理	84399515	行政北楼 D309 室 行政北楼 D311 室
教学网络与信息科	教学信息化工作及系统管理维护、学分制收费信息收集与管理、本科生出国项目管理、多媒体教室管理、全国计算机等级考试	84399781 84396883	行政北楼 D308 室
教材科	教材发放、书费管理	84396959 84395354	食品楼 103 室

我的通讯录

姓名		手机	
生日		固话	
院系		QQ	
宿舍		邮箱	
备注			

姓名		手机	
生日		固话	
院系		QQ	
宿舍		邮箱	
备注			

姓名		手机	
生日		固话	
院系		QQ	
宿舍		邮箱	
备注			

姓名		手机	
生日		固话	
院系		QQ	
宿舍		邮箱	
备注			

我的通讯录

姓名		手机	
生日		固话	
院系		QQ	
宿舍		邮箱	
备注			

姓名		手机	
生日		固话	
院系		QQ	
宿舍		邮箱	
备注			

姓名		手机	
生日		固话	
院系		QQ	
宿舍		邮箱	
备注			

姓名		手机	
生日		固话	
院系		QQ	
宿舍		邮箱	
备注			

我的手札

记录你的大学生活，留下你的青春记忆。

图书在版编目（CIP）数据

2017 南京农业大学本科生学习指南：新的起跑线 / 南京农业大学教务处编.
－－ 北京：中国林业出版社,2017.9
ISBN 978-7-5038-9260-8
Ⅰ.①2… Ⅱ.①南… Ⅲ.①大学生－学生生活－指南 Ⅳ.①G645.5-62
中国版本图书馆 CIP 数据核字 (2017) 第 208354 号

2017 南京农业大学本科生学习指南
——新的起跑线

南京农业大学教务处　编

总 策 划　张炜
策划编辑　吴卉 肖基浒
责任编辑　张佳
插　画　林思同

国家林业局生态文明教材及林业高校教材建设项目
出版发行　中国林业出版社
　　　　　邮编：100009
　　　　　地址：北京市西城区德内大街刘海胡同 7 号
　　　　　电话：010 — 83143552
　　　　　邮箱：jiaocaipublic@163.com
　　　　　网址：http://lycb.forestry.gov.cn
经　销　新华书店
印　刷　北京雅昌艺术印刷有限公司
版　本　2017 年 9 月第 1 版
印　次　2017 年 9 月第 1 次
开　本　889mm×1194mm　1/32
印　张　3.75
字　数　110 千字
定　价　18.00 元

（本书免费赠予南京农业大学 2017 级本科生）